FLAUTE

Wenn kein Wind weht und ein Segelschiff nicht segeln kann.

TÖLPEL
~~KRÄHEN~~NEST

Piraten nennen den Ausguck oben am Mast Krähennest. Aber da Pica ein Tölpel ist, wäre wohl die Bezeichnung „Tölpelnest" passender.

Julia Boehme

Käpten Matz und der Riesen-Strudel

Mit Bildern von Anna-Lena Kühler

CARLSEN

DER PIRATENHAFEN
Das Meer ist groß ...
und wild ...
und nass ...

… und wunderschön!

Aber wenn man vom Meer
trotzdem mal die Nase voll hat,
kann man ja die nächste Insel ansteuern.

Davon gibt es jede Menge.
Ein paar kennt jeder:

Aber es gibt auch Inseln,
die in keinem Atlas stehen:

weil sie noch nicht entdeckt wurden.

Oder weil sie

STRENG GEHEIM

sind!

So eine geheime Insel
ist die Pirateninsel.
Sie liegt genau …

Ach ja, ähm, das ist ja geheim!

Egal.

Sie liegt …

… irgendwo in den

sieben Weltmeeren.

Und nur PIRATEN kennen sie!

„Klar zum Ankern!“, ruft Käpten Matz.

„Aye, aye, Käpten!“

Jack lässt den Anker runter.

Endlich wieder was anderes sehen als Meer!
Endlich wieder Land unter den Füßen!

Die drei gehen in die nächste Kneipe.

Da war sooo ein Seeungeheuer!
Unser Schiff brach mitten entzwei!
Und dann hat der Hai die Schatzkarte gefressen!
Wir hatten Flaute!
Habt ihr schon von dem Riesenkraken gehört?

„Ich hab gefragt,

was es

NEUES

gibt!“

Aber dann:

Hey, Billi! Auch mal wieder an Land?

„Tagchen, Leute!
Mensch, bin ich froh,
dass ich nicht am Meeresgrund liege.
Ich war nämlich im

BERMUDA-DREIECK!“

BERMUDA-
DREIECK???

Ja! Fahrt da bloß nicht hin, wenn ihr kein Fischfutter werden wollt! Immer wieder versinken dort Schiffe. Einfach so. Selbst bei schönstem Wetter!
Macht da einen ganz, ganz großen Bogen drumherum!
Oha!
Dascha'n Ding!
Nee, auch!

Wenn Schiffe untergehen, kann sich vielleicht die Besatzung retten.
Die kostbare Ladung aber bleibt an Bord.
Kurz: Im Bermuda-Dreieck liegen lauter Schätze, die Käpten Matz nur zu bergen braucht.
Und mit Jacks Hilfe wäre das kein Problem!

Los, wir gehen.
Ich hab noch nicht ausgetrunken!
Egal.

Käpten Matz füllt seine Vorräte auf.

Und macht seine SEEGURKE klar.
Wir stechen gleich wieder in See!
Schon?
Wo wollen wir denn hin?
Ins **BERMUDA-DREIECK!**
WAS?!

„Ho, ho", lacht Käpten Matz.

„Ihr wollt Piraten sein?

Schaltet mal euer Hirn ein!

Wieso warnt Billi denn wohl alle?"

Quallen-Quatsch!

„Der will alle Schätze für sich haben!“

Käpten! Jack hat mir die letzten Fischstäbchen weggefressen!
Olle Petze!
Ruhe! Ich schreib gerade Logbuch!
Äh ...
Warum schreibst du eigentlich Lokbuch?
Wir fahren doch nicht mit der Eisenbahn!

Das heißt LOGbuch und nicht LOKbuch!
Alles klar, ein Lokbuch ist kein Lokbuch!
Warum nennst du es nicht einfach SCHIFFsbuch? HÄ?

Heute:
Ankunft Pirateninsel.
Vorräte aufgefüllt.
Abfahrt zum Bermuda-Dreieck!

WÄSCHELEINE VORAUS!

So gurkt Käpten Matz auf der Seegurke übers Meer.

Mit Jack, seines Zeichens

Und Pica, die oben im Krähennest ...

... die oben im Tölpelnest ...

... Ausschau hält.

LOGBUCH
TAG 1
KOMMEN GUT
VORAN!

TAG 2
WURDEN HEUTE IN DEN SCHLAF GEWIEGT...
N
W
O
S
TAG 3
HEUTE SIND DIE FISCHE VON SELBST IN DIE PFANNE GEHÜPFT!

Seit Tagen und Wochen immer nur

Wasser.

Bis …

„Lass sehen!“

Matz schaut durch sein Fernrohr.

„Tatsächlich: WÄSCHELEINE!“

Pica, heb mal die Leine etwas an!
Ei, ei, Käpten!
Höher ... noch höher ...
Mnnnn ... nnn

Ja! Geschafft!

Jack schluckt.
„Und du meinst wirklich,
das ist eine gute Idee, Käpten?“

„Mach dir mal keine Sorgen“,
lacht Käpten Matz.
„Schau dich doch um. Alles bestens!
Die Sonne scheint, leichter Wind,
und das Meer ist glatt wie ein
Babypopo!“

Matz grinst.

„Der olle Billi wollte uns alle reinlegen!

Aber nicht mit mir!“

Irgendwelche Wracks in Sicht?
Nö, Käpten. Keine Wracks.
Merkwürdig.
SEEGURKE

Eigentlich hat sich Käpten Matz

das Bermuda-Dreieck irgendwie so

vorgestellt:

Jack springt von Bord und taucht.

„Allertiefste Tiefsee?“

Käpten Matz wirft das Lot über Bord.

Komisch, denn Schiffbruch erleiden die meisten Schiffe bei Riffen und Untiefen.

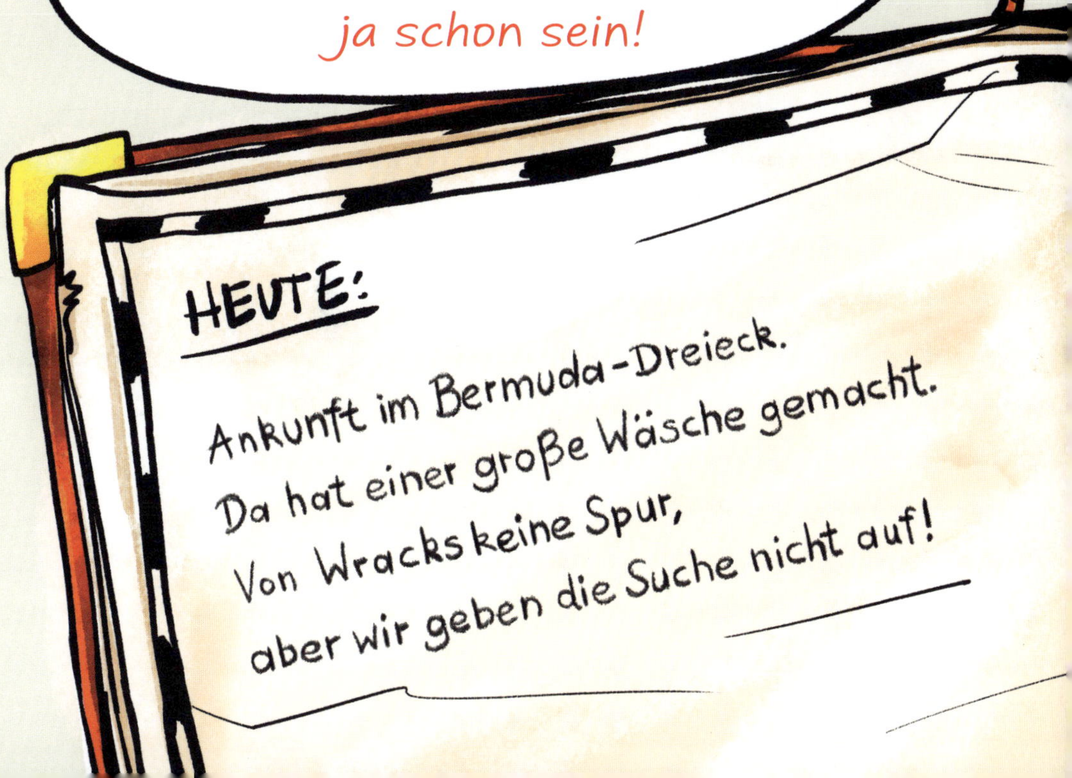

DER RIESEN-STRUDEL

So segeln sie übers Meer.

Die Sonne scheint. Alles ist schön.

Doch auf einmal …

Verflixte Haifisch-Spucke! Der Kompass spinnt total!

Käpten! Ich kann das Steuerrad nicht mehr halten!

Ähm, Käpten!
Der K-K-Kompass spinnt nicht!
Das sind wir!
Wir d-d-drehen uns!
Hä?

Hiiilfeee!

Jetzt aber gute Nacht!

Käpten, wir werden langsamer!
Der Strudel beruhigt sich!

Da haben wir ja noch mal mordsmäßiges Schwein gehabt!
Ja, mordsmäßiges Meerschwein!

Die Seegurke dreht sich
noch ein letztes Mal im Kreis.
Dann dümpelt sie auf ruhigem Wasser.
Es ist, als ob nichts passiert wäre.

Nur:

Drei waschechte Piraten sind
zum ersten Mal in ihrem Leben

SEEKRANK!

Ich glaube, ich muss mal die Fische füttern!
Was heißt hier füttern?
Spinnt ihr?
Iiiih!
So was müsste verboten werden!
Voll eklig!!!

Nein, nicht der auch noch!
Uuuuaaah! Iiiih! Pfuiii! Bäääh!
Jetzt geht's mir besser!

Na, habt ihr auch nicht aufgepasst?
Wie? Nicht aufgepasst?
Jeder weiß doch, was hier los ist!
Ähm, was denn?
Ihr wisst es wirklich nicht?

„Hier ist doch der Abfluss!“, erklärt der Wal.

Der Abfluss???

Ihr wisst aber auch gar nichts.
Also gut. Ich erklär's euch!

„Wenn es regnet,
werden die Ozeane
voller und voller.

Und damit sie nicht überlaufen
und das ganze Land überfluten,

muss immer mal wieder ein bisschen
Wasser abgelassen werden.

Und das passiert hier:
hier unten am Meeresgrund.

Da wird dann einfach ein Stöpsel
gezogen und das Wasser läuft ab.

Bis die gewünschte Meerestiefe
wieder erreicht ist.

Und da seid ihr in den Strudel geraten!“

Jack, Pica und Matz sind sprachlos.

Ganz genau! Aber zum Glück hatten wir Glück!
Sag ich doch: mordsmäßiges Meerschwein!
PUH!!!

„Lasst uns nach Hause fahren“, meint Käpten Matz.

Hier gibt's eh nichts zu holen. Wenn die ganzen anderen Schiffe in den Abfluss gestrudelt sind, ist auch die Ladung FUTSCH!
Tja, Futsch-Futschikato!

Matz schaut auf seinen Kompass.

„Kurs Süd-Süd-Ost!“

„Aye, aye, Käpten!“

Jack dreht am Steuer.

Die Segel blähen sich im Wind.

Und das tut der Wal dann auch.
Bis zur großen Wäscheleine.

„Eine letzte Frage“, meint Matz
zum Abschied.
„Wieso hängen hier überall
diese Hemden und Hosen rum?“

„Nee, das ist doch zur Abschreckung!“, erklärt der Wal.

„Damit niemand ins Bermuda-Dreieck hineinfährt!“

„Normalerweise", meint Matz und grinst.
„WIR sind natürlich
hartgesottene Piraten.
Uns schreckt gar nichts ab!
Aber …"

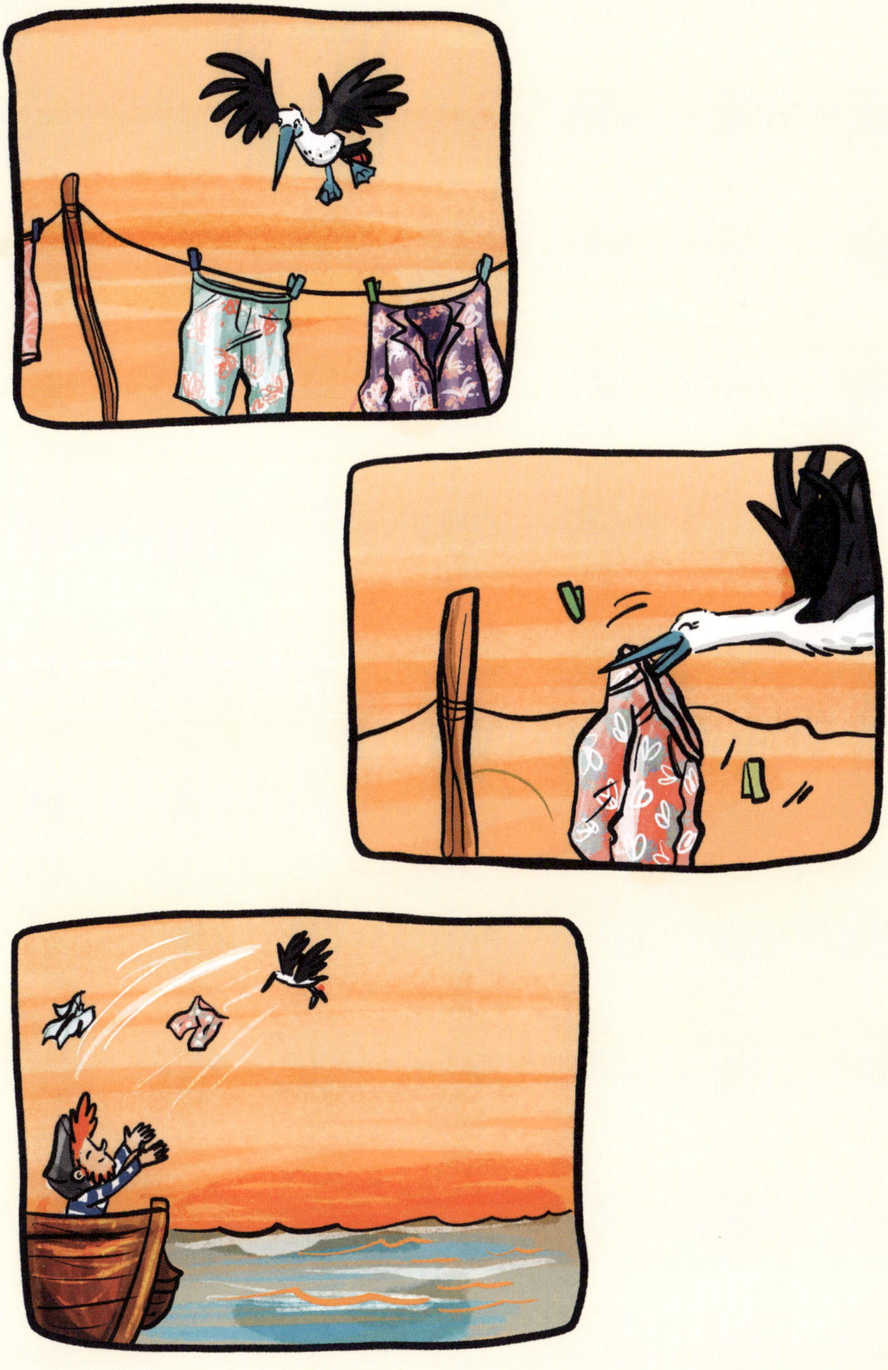

Ha, jetzt sehen WIR ganz schrecklich aus!
Ganz schrecklich SCHRECKLICH!

Ja, toll was?!
Damit sind wir jetzt die
SCHRECKLICHSTEN PIRATEN DER WELT!
Oh nee! Schnell weg!
Heute:
Haben statt einem Schatz
neue Klamotten gefunden.
Damit sind wir der Schrecken der Meere!

Julia Boehme lebt in Berlin und denkt sich ein Kinderbuch nach dem anderen aus. Das Tolle an Käpten Matz ist, dass sie mit ihm über die Weltmeere segeln kann, ohne dabei seekrank zu werden.

Anna-Lena Kühler versteckt in ihrer Schatztruhe lieber Pinsel und Farben statt Gold und Silber. Damit sitzt sie im kleinen Örtchen Eltville und zeichnet wilde Welten auf Papier, am liebsten mit Pica auf ihrer Schulter.

Wir produzieren nachhaltig
• Klimaneutrales Produkt
• Papiere aus nachhaltigen und kontrollierten Quellen
• Hergestellt in Deutschland

FSC www.fsc.org
MIX
Papier | Fördert gute Waldnutzung
FSC® C002795

Völckersstr. 14-20, 22765 Hamburg
Umschlag- und Innenillustrationen: Anna-Lena Kühler
Lektorat: Therese Hochhuth
Satz und Herstellung: Derya Yildirim
Lithografie: Ronald Fromme, Hamburg
ISBN 978-3-551-69039-5
www.carlsen.de

EINFACH LESEN LERNEN

HAST DU SCHON ALLE?

HEIDI:
BARFUSS IN DEN BERGEN
ISBN 978-3-551-69030-2

SISSI:
DIE PFERDE-PRINZESSIN
ISBN 978-3-551-69043-2

DIE FEUERWEHR
KOMMT NACKIG HER
ISBN 978-3-551-69066-1

THEO UND MARLEN:
AUF DER INSEL
ISBN 978-3-551-69033-3

ZARI UND NIVAAN –
DIE GESCHICHTE EINER
FLUCHT
ISBN 978-3-551-69006-7

ZOFF! BUMM! BÄMM! –
EIN STREITBUCH
ISBN 978-3-551-69088-3

WWW.CARLSEN.DE

CARLSEN

ELL

LEICHTMATROSE

Matrose in Ausbildung. Danach ist er ein Vollmatrose.

LOGBUCH

Eine Art Schiffstagebuch mit wichtigen Notizen.